LES

TERMES GÉOGRAPHIQUES

SIMPLES EXPLICATIONS SUR LES PRINCIPAUX TERMES USITÉS EN GÉOGRAPHIE

PAR

Félix HÉMENT

Illustrations de E. CICÉRI

SOMMAIRE

PARIS
LIBRAIRIE CH. DELAGRAVE
15, RUE SOUFFLOT, 15

PETITE BIBLIOTHÈQUE DES CONNAISSANCES UTILES

CAUSERIES ENFANTINES ET RÉCRÉATIVES

Par Adrien LINDEN

Publiée par brochures de 16 pages, format in-8, avec couverture et gravures coloriées intercalées dans le texte.

Première série, 25 brochures contenant : le Blé, le Papier, le Bœuf, la Houille, le Fer, les Défenseurs de l'agriculture, le Verre, le Bois, la Chasse, la Pierre, le Mouton, Inventions et Découvertes, l'Argile, le Chien, le Chanvre et le Lin, les Choses usuelles, le Cuivre, le Ver à soie, le Sucre, la Pêche maritime, les Boissons, le Cheval, le Caoutchouc, les Arts et Métiers, le Globe terrestre.

Prix de chaque cahier.. » **30**

Publiée par feuilles séparées, format couronne (36 sur 46), contenant chacune neuf dessins coloriés, dont un sujet principal avec légende explicative. Prix de la feuille.. » **10**

TABLEAUX D'HISTOIRE DE FRANCE

Tableaux d'histoire de France, d'après nos premiers artistes, et avec des compositions nouvelles, par MM. Perrodin, Baron et Massias. 24 sujets, format petit carré : 0^m50 sur 0^m40.

Prix de la collection, en noir.. **7** »

— — coloriée avec le plus grand soin.. **25** »

Les 24 feuilles, collées sur toile, vernies, montées sur gorge et rouleau, formant un grand tableau, se payent en sus.. **18** »

Les 24 feuilles, collées sur deux cartons, se payent en sus.. **18** »

— montées sur onglets, en deux cahiers de chacun 12 sujets, se payent en sus.. **1 50**

Les Druides coupant le gui. — Vercingétorix se rendant à César. — Sainte Geneviève soutenant le courage des Parisiens. — Clovis à la bataille de Tolbiac. — Charles-Martel à la bataille de Tours. — Charlemagne reçoit la soumission de Witikind. — Eudes fait lever le siège de Paris. — Les Communes. — La Chevalerie. — Prise de Jérusalem par les Croisés. — Saint Louis rendant la justice sous un chêne. — Mort de Duguesclin. — Philippe-Auguste et les milices des communes à la bataille de Bouvines. — Sacre de Charles VII à Reims. — Entrée de Charles VIII à Naples. — Bataille de Marignan : François Ier armé chevalier par Bayard. — Entrée de Henri IV à Paris. — Richelieu à la Rochelle. — Bataille de Rocroy. — La Fronde : Journée des barricades. — Louis XIV et son siècle. — Bataille de Fontenoy. — Ouverture des États généraux. — Le vaisseau *le Vengeur*.

— Notice explicative des tableaux avec un questionnaire sur chaque sujet. Brochure in-12, contenant 24 vignettes reproduisant les tableaux.. » **75**

Tableau-image d'histoire de France, réduction des précédents. 24 sujets de 0^m22 sur 0^m16, formant un tableau de 1^m20 sur 0^m90.

Prix, en noir.. **2** » | Colorié.. **7** »

Le collage sur toile, avec vernissage et montage sur gorge et rouleau, se paye en sus.. **5** »

Nos gloires nationales, grands hommes et grandes journées. Ouvrages reproduisant les 4 sujets ci-dessus coloriés, avec un texte en regard et une couverture coloriée. In-4, cart.. **3** »

LES

TERMES GÉOGRAPHIQUES

SIMPLES EXPLICATIONS SUR LES PRINCIPAUX TERMES USITÉS EN GÉOGRAPHIE

PAR

Félix HÉMENT

Illustrations de E. CICÉRI

SOMMAIRE

Les glaciers — Les cours d'eau
Le confluent — Les collines — Le canal
Le lac — Le golfe — Le volcan
Le détroit — L'archipel
Le cap — La falaise — L'isthme — La presqu'île
La vallée — Le torrent — Le port
Les routes — Les chemins de fer

PARIS
LIBRAIRIE CH. DELAGRAVE
15, RUE SOUFFLOT, 15

1881

A LA MÊME LIBRAIRIE

TABLEAUX GÉOGRAPHIQUES

PUBLIÉS

Sous la direction de M. Félix HÉMENT

ET EXÉCUTÉS

PAR M. CICÉRI

Les dessins ont 40 centimètres de long sur 28 de large et la feuille 60 centimètres sur 40 centimètres. Ils peuvent être collés sur carton ou encadrés.

La collection des douze tableaux, avec une notice explicative pour le maître. . . . . . . 15 fr.

Un tableau seul . . . . 2 fr.

Cette notice est le complément naturel des *Tableaux géographiques* exécutés, sous notre direction, par M. E. Cicéri, l'habile peintre dont le nom est populaire; elle contient les explications nécessaires à l'intelligence des *Tableaux*. C'est aussi une publication indépendante, qui se suffit à elle seule, puisque le texte en est illustré par des dessins qui sont des réductions des tableaux. Tandis que les tableaux sont plus particulièrement destinés à parer les murs de l'école, trop souvent nus et froids, et à rendre ainsi l'école riante, la notice pourra être donnée aux enfants à titre de récompense tout à la fois agréable et utile.

LES GLACIERS. — LES COURS D'EAU.

LES GLACIERS — LES COURS D'EAU

LES GLACIERS

Les *glaciers* consistent en ces amas de neige et de glace d'une blancheur éclatante qui couvrent les sommets des hautes montagnes et la partie supérieure des versants. La neige *(neiges éternelles)* forme le couronnement du glacier; la glace commence un peu au-dessous.

Sur tous les points du globe où se trouvent de hautes montagnes il existe des glaciers. Les monts Ourals dans les régions voisines du pôle, les Alpes et les Pyrénées dans la zone tempérée, l'Hymalaya non loin de l'Equateur, ont constamment leurs sommets couverts de neige. Le glacier descend plus ou moins sur les versants, d'autant plus que le pays est plus voisin des pôles et, partant, plus froid. Ainsi, tandis qu'en Norvège la limite inférieure des glaciers est à un kilomètre de hauteur environ, dans les Alpes et les Pyrénées, elle est à environ trois kilomètres, et, sur les Cordillières, les glaciers s'arrêtent à cinq kilomètres du sol.

* * *

La chaleur solaire d'une part, le froid de la nuit de l'autre, concourent à la formation du glacier. En effet, pendant le jour, le soleil fond la couche de neige superficielle; dans la nuit qui suit, le froid congèle l'eau provenant de la fusion. A diverses reprises, les mêmes phénomènes se reproduisent : la neige est fondue, et l'eau qui en provient gelée. Ainsi se forment d'abord de menus fragments de glace, de formes irrégulières, puis des fragments de plus en plus gros. C'est ce qu'on nomme le *névé*.

Cette poussière de glace se tasse, se soude, forme une masse qui occupe la partie supérieure des vallées; c'est alors un *glacier*.

Une fois formé, le glacier glisse, par son propre poids, sur les pentes, et descend dans la vallée, dont il suit les contours. Il s'engage et se moule pour ainsi dire dans la gorge étroite; il s'étale au contraire, et se répand librement dans la vallée large et ouverte. Il coule comme un fleuve visqueux. Sa marche est plus lente sur les rives qu'au milieu.

L'eau qui provient de la fusion de la glace, s'insinuant dans les fentes et arrivant jusqu'au sol facilite la marche du glacier. Toutefois il ne s'avance pas sans difficulté, les anfractuosités du sol ralentissent plus ou moins son cours. Dans cette marche accidentée, la masse glacée s'étire, se tord, se rompt, se reforme. De là résultent de nombreuses crevasses plus ou moins tourmentées, béantes, d'une largeur et d'une profondeur variables. En même temps, il emporte des blocs de roche dont il a déterminé la chute, qu'il dissémine sur la route. Des terrains meubles, des débris de roches plus ou moins menus sont entraînés et emprisonnés entre le sol et le glacier qui les presse. De la sorte, ils usent, raient et polissent les parois rocheuses de la vallée. Enfin, le glacier chasse devant lui d'autres débris qui marquent ses limites et forment une sorte de bordure nommée *moraine*.

En continuant ainsi à descendre, il atteint sa limite d'expansion. Il fond et donne naissance à des milliers de ruisseaux qui courent bruyamment sur les pentes qu'ils ravinent et se rassemblent au fond de la vallée, où ils forment un ruisseau unique qui va se perdre dans le cours d'eau le plus proche.

Ainsi, tandis que la neige qui couronne les sommets se renouvelle sans cesse et alimente le glacier, celui-ci fond et rend en eau une partie plus ou moins grande de ce qu'il reçoit en neige. Il a donc, comme un cours d'eau, une source et une embouchure.

LES COURS D'EAU

Nous avons vu comment les eaux provenant de la fonte des glaciers donnent naissance à des masses d'eaux courantes plus ou moins considérables qui sont autant de *ruisseaux.* Ces ruisseaux sont la naissance ou la *source* d'un *cours d'eau.* Le Rhône a ainsi sa source dans un glacier.

D'autres cours d'eau sortent de terre sous la forme d'un modeste filet d'eau. Ils sont alimentés par les eaux de pluie, tant celles qui après avoir pénétré dans le sol ont rencontré un terrain imperméable et n'ont pu pénétrer plus avant, que celles qui courent à la surface. La Seine sort ainsi de terre au Mont Tasselot, dans la Côte-d'Or.

Toutes les eaux qui coulent sur une même pente ou, comme on dit, sur un même *versant,* se rencontrent et se mêlent à celles qui descendent du versant opposé. Ainsi se forme le ruisseau qui court au fond de la vallée. Les vallées voisines sont également parcourues par des ruisseaux. Tous ces ruisseaux se rencontrent, confondent leurs eaux et donnent naissance à un cours d'eau plus important.

Suivons ce cours d'eau, nous rencontrerons tantôt à droite, tantôt à gauche, d'autres cours d'eau qui lui versent leurs eaux et le grossissent; après un parcours plus ou moins long, on le verra se perdre soit dans un cours d'eau, soit dans la mer.

En le remontant, au contraire, c'est-à-dire en s'avançant en sens contraire du courant, on le verra diminuer de plus en plus en largeur et en profondeur jusqu'au point où il prend sa source.

* *

Il en est ainsi de tous les cours d'eau : ils naissent sur les hauteurs et descendent par le fond des vallées jusqu'aux plaines les plus basses qui se trouvent sur leur parcours, recueillant sur leur route d'autres cours d'eau et se terminant à la mer.

*
* *

On distingue en général sous le nom de *fleuve* le cours d'eau principal qui se perd dans la mer; les cours d'eau secondaires se nomment *rivières.* Ces noms ont le même sens et ces distinctions n'ont pas une grande importance. On est d'avis de n'accorder le nom de fleuve qu'à un cours d'eau assez étendu; il ne suffit donc pas qu'il se perde dans la mer.

Les fleuves de France sont la Seine, le Rhône, la Loire et la Garonne.

Parmi les rivières qui alimentent la Seine, citons l'Aube, la Marne, l'Oise, l'Yonne.

L'endroit où le fleuve se noie pour ainsi dire dans la mer s'appelle *embouchure.* S'il se répand par plusieurs branches ou bras, il a plusieurs embouchures ou *bouches.* La Seine a son embouchure dans la Manche; elle est comprise entre le Hâvre et Honfleur. Le Rhône se perd dans la Méditerranée par plusieurs bouches. L'embouchure se nomme *estuaire* lorsque le fleuve, ayant une grande largeur avant son embouchure proprement dite, la mer et le fleuve mêlent leurs eaux avant la fin du fleuve.

Les cours d'eau que le fleuve rencontre et dont il absorbe les eaux sont ses *affluents* (1). La Marne, l'Aube sont des affluents de la Seine.

Ces affluents ont les leurs. Ainsi l'Oise, affluent de la Seine, a pour affluent l'Aisne; la Dordogne, affluent de la Garonne, a pour affluent la Vézère, qui à elle-même pour affluent la Corrèze.

*
* *

Les côtés ou les bords d'un cours d'eau ont reçu le nom de *rives.* Ils sont les limites du *lit*, c'est-à-dire de la partie creuse du sol qui forme le fond et les parois où coule le cours d'eau et où le cours d'eau est pour ainsi dire *couché.* C'est dans ce sens qu'on dit : le lit de la rivière est à sec; cette rivière est sortie de son lit.

1. Le mot *affluent* signifie *couler vers*, et en effet l'affluent se dirige en coulant vers le cours d'eau où il se jette.

Pour distinguer les deux rives, imaginons une personne qui suit le cours ou fil de l'eau, la face tournée vers l'embouchure. Dans cette position, la *rive droite* du fleuve est celle qui se trouve à la droite de la dite personne et la *rive gauche*, à sa gauche.

Il y a donc des affluents de rive droite et d'autres, de rive gauche. La Marne est un affluent de rive droite de la Seine; l'Yonne, un affluent de rive gauche.

⁂

Les eaux de tous les cours d'eau arrivent à la mer directement ou indirectement. La mer est le grand réceptacle, mais elle ne garde pas ces eaux qu'elle a reçues. L'évaporation en emporte une partie dans l'atmosphère où elles deviennent nuages, et ces nuages, à leur tour, se résolvent en pluies qui alimentent les cours d'eau. C'est une circulation incessante.

Le lit des mers est analogue à la surface des continents : on y trouve des montagnes, des vallées et des plaines. Il en résulte que la profondeur des mers est très variable; ainsi, tandis que dans le Pas-de-Calais la profondeur ne dépasse pas soixante mètres, et quarante dans la Baltique, entre la Suède et l'Allemagne, elle atteint huit kilomètres dans l'Atlantique et autant dans les mers du Sud. Quant à la surface, elle occupe environ les trois quarts de celle de la Terre. Cette vaste étendue d'eau est animée de mouvements réguliers, comme les marées et les courants, et de mouvements accidentels tels que les tempêtes. Elle est peuplée de plantes et d'animaux qui diffèrent de ceux qui vivent dans les *eaux douces* des cours d'eaux et des lacs. Elle contient en dissolution des minéraux parmi lesquels se trouve le sel.

Les diverses parties de la mer portent aussi le nom de *mers*, comme la *mer Noire*, ou d'*océans*, comme l'*océan Atlantique*, l'*océan Pacifique*, l'*océan Indien*.

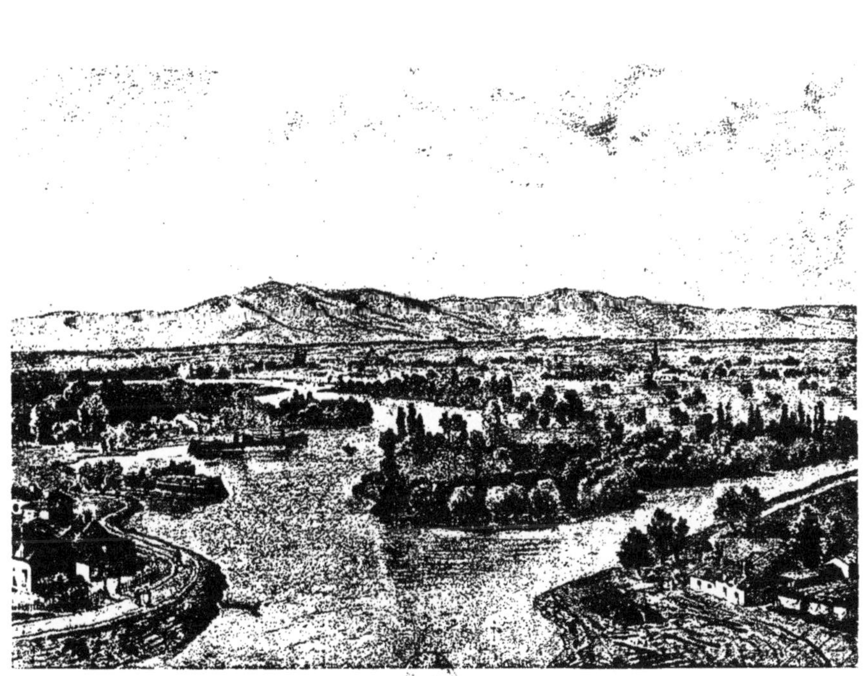

LE CONFLUENT ET LES COLLINES.

LE CONFLUENT — LES COLLINES

LE CONFLUENT

Le lieu où deux cours d'eau se rencontrent se nomme *confluent;* c'est pour ainsi dire l'embouchure d'un affluent. Le confluent de la Marne et de la Seine est à Charenton, à l'entrée de la Seine dans Paris.

LES COLLINES

La surface de la terre n'est pas unie. Même dans l'intérieur de Paris, les rues qui aboutissent à Montmartre ou au Panthéon ont une pente plus ou moins rapide. Du haut de Montmartre, comme du haut d'un édifice, on domine le pays environnant. La butte Montmartre est un point plus élevé que tous les lieux qui l'entourent. De là le nom de *butte* pour désigner une petite élévation qui ne dépasse guère deux cents mètres. On la nomme encore *monticule* (petit mont) ou *colline.*

Une suite de buttes ou de collines disposées en lignes plus ou moins régulières constitue des *collines :* ainsi, *collines de Normandie, du Poitou,* etc. Les pentes se nomment *versants, côtes* ou *coteaux.*

Pour désigner d'une manière générale toute élévation, on se sert du mot *montagne.* La montagne est-elle isolée ou distincte parmi d'autres montagnes environnantes, c'est un *mont;* exemple : le *mont Ventoux,* le *mont Blanc.* Le sommet est-il pointu, c'est un *pic :* le *pic de Sancy.* Est-il conique, c'est un *puy ;* exemple : le *puy de Dôme* ou *de Pariou;* est-il arrondi, c'est un *ballon,* comme le *ballon de Guebwiller.*

Les collines sont plus ou moins ondulées; elles forment une suite de crêtes mamelonnées; les montagnes affectent des formes diverses, elles ont des hauteurs plus grandes et des pentes plus abruptes. Les montagnes restent couvertes de neige en hiver.

Lorsqu'un certain nombre de montagnes se touchent en partie et forment une suite en ligne droite ou courbe plus ou moins régulière avec une largeur variable, on nomme ce groupe une *chaîne de montagnes*. Les Pyrénées, les Alpes sont des chaînes de montagnes. La chaîne n'est pas uniforme : en certains points elle s'élève; en d'autres elle s'abaisse. Les points les plus bas servent de passage entre les pays situés en deçà et ceux situés au delà. Ces passages, lorsqu'ils sont resserrés, portent le nom de *col* dans certains pays, de *ports* dans d'autres.

Le *port de Vénasque*, dans les Pyrénées, près Bagnères-de-Luchon, est un des passages pour aller de France en Espagne. Le *col de Tende* est un point de la chaîne des Alpes-Maritimes qui permet de passer de France en Italie.

Les parties horizontales de la surface de la terre se nomment *plaines :* ainsi les *plaines de la Beauce*. Celles qui se trouvent à une certaine hauteur se nomment *plateaux ;* exemple : *le plateau de Langres*.

Certaines plaines incultes où croissent des plantes venues naturellement se nomment *landes :* exemple : *les landes de Gascogne*. D'autres plaines arides et généralement sablonneuses se nomment *déserts :* ainsi le *désert du Sahara*. On rencontre dans le Sahara des villages épars où se trouve de l'eau et des arbres, particulièrement des palmiers; ce sont des *oasis;* d'autres plaines couvertes de hautes herbes sont nommées *steppes* en Asie, *savanes* dans l'Amérique septentrionale, *pampas* ou *llanos* dans l'Amérique méridionale.

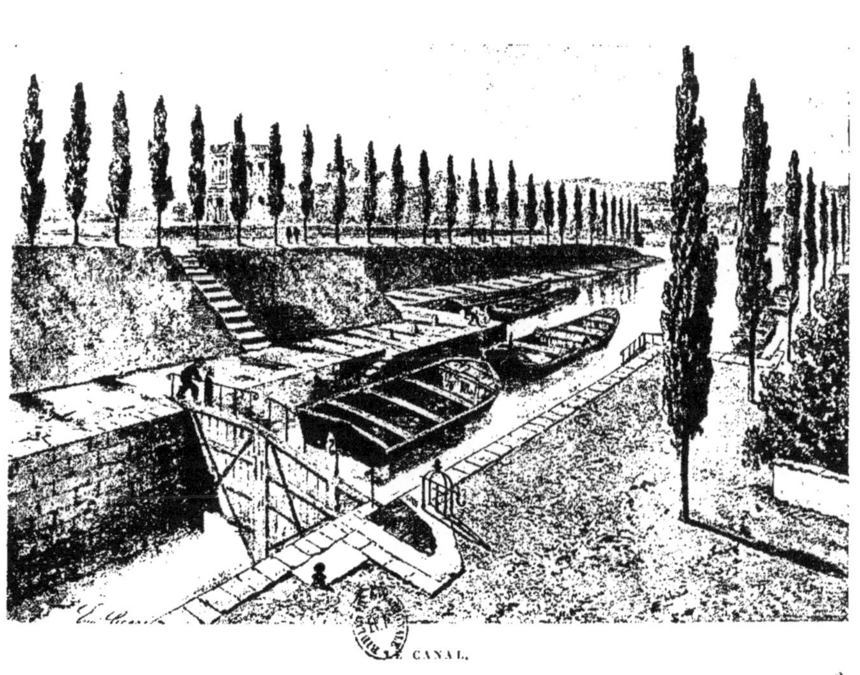

LE CANAL.

2

LE CANAL

Le *canal* est un cours d'eau dont le lit a été creusé par l'homme. Le fleuve est un cours d'eau naturel; le canal, un cours d'eau artificiel.

Par analogie de forme, on donne encore le nom de canal à certains détroits allongés comme le Bosphore ou canal de Constantinople.

Tantôt le canal est destiné à établir une communication entre deux cours d'eau situés dans des bassins différents, comme le *canal de Briare*, qui réunit la Loire au Loing et par suite à la Seine; tantôt il fait communiquer deux mers, comme le *canal du Midi*, qui unit les étangs du littoral de la Méditerranée à la Garonne et par conséquent la Méditerranée à l'océan Atlantique; tantôt il remplace un cours d'eau dont la navigation serait périlleuse ou impossible à cause des irrégularités de son lit. Il est plus facile alors de construire un canal parallèle au fleuve, et dont les eaux l'alimentent, que de régulariser le cours de ce dernier. On le nomme alors *canal latéral;* ainsi le *canal latéral à la Garonne.*

Tous ces canaux sont autant de voies de communication pour le commerce; ils ne sont pas moins utiles que les chemins de fer et contribuent en partie à la prospérité de certains pays tels que la Belgique, la Hollande et l'Angleterre.

On construit aussi des canaux d'arrosage ou d'irrigation destinés à répandre les eaux d'un cours d'eau sur un vaste territoire afin de le fertiliser. Sur tout le parcours du canal on pratique des *saignées*, c'est-à-dire des prises d'eau. Ce sont autant de canaux plus petits, ou plutôt des ruisseaux, qui à leur tour se ramifient et répandent la vie sur tous les points.

Enfin, on construit pour assainir un pays marécageux des canaux dits de desséchement où les eaux sont rassemblées pour être ensuite dirigées sur d'autres points.

*
* *

La surface de l'eau d'un canal doit être horizontale; l'eau n'y a pas de courant, il semble dès lors qu'on ne puisse pas établir un canal dans un pays accidenté, à moins de creuser profondément le sol sur certains points de parcours, ce qui rendrait la navigation pénible, sinon impossible. On peut établir un canal, quelle que soit la configuration du pays qu'il traverse de manière que la surface de l'eau soit peu éloignée du sol voisin. Pour cela, on décompose le canal en plusieurs parties où le niveau diffère, de sorte que les diverses parties forment pour ainsi dire les marches d'un escalier liquide qui permet de descendre du point le plus élevé au départ au point le plus bas à l'arrivée, ou inversement.

Pour parvenir à ce but, on établit de distance en distance des *écluses,* c'est-à-dire une portion du canal de la longueur des bateaux, comprise entre deux portes à deux battants.

Quand un bateau doit passer d'un niveau à l'autre, on le fait d'abord entrer dans l'écluse, puis on ferme la porte par laquelle il est entré. On ouvre ensuite dans l'autre porte des vannes, ce qui permet de faire évacuer une partie de l'eau contenue dans l'écluse si le bateau débouche par la partie la plus élévée, ou, au contraire, à achever le remplissage de l'écluse, si le bateau arrive par la partie la plus basse. En un mot, on ramène le niveau de l'eau dans l'écluse au niveau de l'eau dans la partie du canal où le bateau doit aller.

On peut ainsi faire franchir des montagnes aux canaux, à la condition toutefois d'avoir au point le plus élevé *(point de partage)* de vastes réservoirs contenant assez d'eau pour alimenter les écluses à mesure qu'elles se vident partiellement. Un de ces points se trouve, sur le canal du Midi, à Naurouze, au sud des montagnes Noires.

LE LAC.

LE LAC

LE LAC

On nomme *lacs* des amas d'eau douce ou salée moins étendues qu'une mer. Le lac de Genève est un lac d'eau douce; la mer Morte, un lac salé.

Lorsqu'à la fin d'une inondation le cours d'eau qui avait débordé est rentré dans son lit, il reste des flaques d'eau dans les terres inondées. Partout où se trouvait une dépression du sol, une cavité, cette cavité a été comblée par l'eau. Ce sont là de tout petits lacs. Imaginez que la mer, après avoir recouvert le sol, ait été déplacée, par suite soit d'un affaissement de son lit, soit d'une élévation du sol émergé, il restera sur ce dernier d'immenses flaques qui seront des lacs salés ou des mers intérieures. C'est là probablement l'origine du lac d'Aral, de la mer Morte, etc.

Les lacs d'eau douce ont des origines diverses, mais c'est toujours la pluie qui les alimente. Tantôt ils sont formés par l'accumulation des eaux d'un ou de plusieurs cours d'eau, comme le lac de Genève et du Bourget, tantôt par des sources intérieures et invisibles. Dans les régions montagneuses, leur origine est due souvent à l'eau provenant dé la fonte des glaciers, qui est d'une limpidité remarquable et d'une belle couleur bleue.

Dans les pays où se trouvent des volcans éteints, en Auvergne, par exemple, les cratères envahis par les eaux de sources et par les eaux pluviales ont donné naissance à des lacs d'un contour sensiblement circulaire et sans issue visible, ainsi; le lac Chambon.

On trouve des lacs sur tous les points du globe.

mais ils sont plus nombreux et plus étendus dans les régions septentrionales ; témoins les lacs Erié et Ontario en Amérique et les lacs Ladoga, Onéga, en Europe.

On en trouve également à toutes les hauteurs mais ils sont plus nombreux et plus vastes dans les plaines.

Le niveau des lacs varie : la fonte des neiges pour les uns, l'abondance des eaux pluviales pour les autres déterminent la hausse des eaux. Lorsque ces actions cessent, la baisse se produit. L'évaporation agit en tout temps, mais plus efficacement en été, pour diminuer la masse des eaux.

LE GOLFE. — LE VOLCAN.

LE GOLFE — LE VOLCAN

LE GOLFE

Le rivage des mers est sinueux. Tantôt la terre s'avance plus ou moins dans la mer, tantôt c'est la mer, au contraire, qui pénètre dans l'intérieur des terres et forme des *golfes* ou des *baies*, ou des *anses*.

Le creux ou l'enfoncement produit par la mer peut être largement ouvert, comme c'est le cas pour les golfes de Gascogne, du Lion, de Gênes, de Tarente, de Venise, de Salonique. Ces golfes ne sont pas séparés de la mer qui les forme. Dans d'autres cas, la mer pénètre par une ouverture plus ou moins grande dans l'intérieur des terres et s'y enferme en partie, comme on le voit pour le golfe du Mexique, la baie d'Hudson, le golfe de Lépante. Tantôt le golfe a de grandes dimensions, comme le golfe du Mexique et la baie d'Hudson, tantôt il est peu étendu, comme le golfe de Saint-Malo et la baie d'Audierne ou de Douarnenez.

Les noms de golfe et de baie sont employés l'un pour l'autre, mais le plus souvent le mot baie désigne un petit golfe. Il ne faut pas attacher d'importance à cette diversité de dénominations qui peuvent varier avec les pays.

L'*anse* ou la *crique* désigne un enfoncement beaucoup moins étendu et moins profond que le golfe ou la baie. Les contours d'un golfe ou d'une baie peuvent former plusieurs anses.

LE VOLCAN

Les *volcans* sont le plus souvent des montagnes coniques d'où sortent, par une ouverture située au sommet, des vapeurs diverses mêlées ou non à des jets puissants de cendres et de matières solides incandescentes, et suivies ou non d'une masse en fusion semblable à un ruisseau de feu qu'on nomme *lave*.

L'ouverture, en forme d'entonnoir plus ou moins évasé dont la pointe est en bas, se nomme *cratère*(1).

***

Les volcans se trouvent à diverses hauteurs; quelquefois le cratère est au niveau du sol. L'Etna a trois kilomètres de hauteur environ; l'Orizaba, au Mexique, a une hauteur de 5,500 mètres; le Cotopaxi, dans la Cordillière de l'Amérique du Sud, a 5,750 mètres.

(1) D'un mot qui signifie *coupe*.

Toute éruption nous montre la même succession de phases et dans le même ordre : ce sont d'abord de grands bruits souterrains, de formidables détonations, et enfin des tremblements de terre au pied et tout autour du point où le volcan va naître. On dirait une gigantesque ébullition qui se produit dans les entrailles du sol et une lutte de vapeurs contre les résistances que présente la croûte terrestre. Cela dure un temps variable; tantôt des jours, tantôt des mois.

La croûte cède, s'affaisse, se brise et les gaz mugissants s'échappent par les nombreuses et profondes crevasses. Enfin la victoire appartient aux forces intérieures; une épouvantable explosion qui ébranle tout le pays environnant annonce le déchirement de l'écorce terrestre et la libre communication du feu intérieur avec le dehors.

Tout ce qui obstruait les issues, toutes les matières qui s'opposaient à la sortie des vapeurs sont lancées à des hauteurs prodigieuses par une force cent fois plus grande que celle de la vapeur de nos plus puissantes machines. Cette formidable mitraille forme une magnifique gerbe sombre dont les milliers de fragments retombent de toutes parts en décrivant d'élégantes courbes paraboliques.

En même temps, un nuage de vapeurs, dont la blancheur éclate sur le fond noir des projectiles, s'élève dans l'atmosphère comme les flots de fumée d'une immense cheminée. Des éclairs sillonnent le nuage, et les éclats du tonnerre se font entendre distinctement, malgré les bruits souterrains; un jet puissant de corps en feu et de poussière incandescente s'élance dans les airs. Voici que le nuage de poussière et de vapeur qui couronne la hauteur semble s'embraser. C'est la lave qui s'élève et se reflète dans les nuages; l'explosion des gaz jusqu'alors emprisonnés lance dans l'espace des milliers de gouttes de lave ardente. Enfin le fleuve de feu émerge et roule ses flots lumineux sur les pentes jusqu'à une grande distance dans la plaine environnante.

L'intensité des éruptions peut varier ainsi que l'activité volcanique, mais la succession des phases reste la même et la physionomie des volcans est tout à fait caractéristique et invariable. Les cendres et les matériaux rejetés forment le cône caractéristique : ce cône et le cratère; voilà les deux parties constitutives permanentes dont la hauteur et la forme seules varient.

*
* *

Quatre cents volcans environ sont épars sur le globe, tant sur les continents que dans les mers. Sur ce nombre, 225 seulement sont encore actifs, Le reste est éteint, sinon irrévocablement, au moins temporairement. Les trois quarts à peu près se trouvent en Amérique, échelonnés sur la crête des Cordillères. Cette ligne de volcans se continue à travers les océans et fait le tour de la Terre.

Les volcans sont assez répandus et épars pour montrer qu'ils s'alimentent à un foyer unique, mais naturellement ils ont surgi dans les points de la croûte terrestre qui opposaient le moins de résistance.

∴

Bien que les éruptions volcaniques soient généralement précédées ou accompagnées de tremblements de terre, un grand nombre de ces derniers phénomènes se produisent sans qu'il se forme de volcan à la suite. Les deux phénomènes sont évidemment dus a une cause unique, ou plutôt il faut y voir les deux phases d'un même phénomène, savoir : l'action des vapeurs intérieures s'exerçant contre la croûte. Tout tremblement de terre pourra être suivi d'une éruption. Ajoutons que les tremblements de terre violents sont rares dans le voisinage des volcans en activité et que les volcans s'apaisent pendant qu'un tremblement de terre se produit dans des lieux éloignés de ces volcans. Enfin, une éruption a souvent mis fin aux convulsions de la croûte terrestre. (Voir notre volume intitulé : *Simples discours sur la terre et sur l'homme.*)

LE DÉTROIT.

LE DÉTROIT

Le mot *détroit* a le même sens qu'*étroit*, dont il dérive. Il indique une partie étroite de la mer qui établit une communication, soit entre deux mers, soit entre deux parties plus larges de la mer. C'est une sorte de canal naturel. Ainsi *le détroit de Gibraltar* (1), qui se trouve entre le sud de l'Espagne et l'Afrique, unit la Méditerranée à l'Océan. *Le canal de Suez*, creusé dans l'isthme du même nom, est un détroit artificiel.

On donne aux détroits des noms différents en raison de leur forme : ainsi les *manches* sont des détroits larges à une de leurs extrémités, étroits à l'autre, comme *la Manche*, située entre la France et l'Angleterre.

(1) Mot d'origine arabe qui vient de Dgebel-Tarik et signifie montagne de Tarik

Lorsque le détroit est long et étroit comme un canal, on le nomme *canal*; ainsi, on dit indifféremment *le détroit* ou *canal de Constantinople* de celui qui fait communiquer la mer de Marmara avec la mer Noire et sépare l'Europe de l'Asie.

Le *pas* est un détroit court et étroit, comme le *pas de Calais*, situé entre la France et l'Angleterre; il unit la Manche à la mer du Nord. *Pas* est synonyme de *passage*.

Le *pertuis* (1) est un pas compris soit entre une île et la terre ferme, soit entre deux îles. Ainsi le *pertuis* ou *passe de Maumusson*, entre l'île d'Oléron et la côte; le *pertuis d'Antioche*, entre l'île de Ré ou de Rhé et celle d'Oléron.

(1) D'un mot qui signifie *ouverture*.

Similigravure — Ch. Dekt & Cie

L'ARCHIPEL.

L'ARCHIPEL

L'île est une certaine étendue de terre entourée d'eau de tous côtés.

***

Le mot *archipel* signifie *mer principale* et devrait désigner une partie de la mer qui a plus d'importance qu'une autre pour certains pays. C'est dans ce sens que la partie de la mer comprise entre la Grèce, la Turquie, l'Anatolie et Candie a été nommée l'*Archipel grec* ou simplement l'*Archipel*. Mais on donne également le nom d'archipel à un groupe quelconque de nombreuses îles. On ne compte pas moins de quatre-vingts îles de grandeurs variées dans l'archipel grec, de sorte que le nom d'archipel s'applique aussi bien au groupe d'îles qu'à la partie de mer où elles se trouvent rassemblées et à l'ensemble de la mer et des îles.

L'Angleterre peut être regardée comme un archipel comprenant, avec les deux grandes îles de la Grande-Bretagne et de l'Irlande, un grand nombre de petites îles.

***

Ces îles sont autant de sommets de montagnes ou plutôt de plateaux montagneux dont la base repose sur le fond de la mer.

LE CAP. -- LA FALAISE.

LE CAP. — LA FALAISE

LE CAP

Tandis que sur certains points la mer pénètre dans l'intérieur des continents et y creuse des golfes, sur d'autres points c'est la terre qui s'avance dans la mer. Le rivage forme alors un *cap*. C'est donc en quelque sorte le contraire du golfe.

Le cap marque l'extrémité d'une chaîne de montagnes ou de collines dont la hauteur diminue graduellement du faîte à la mer. Il forme donc une saillie très marquée.

On donne le nom de *pointe* à un avancement de la terre moins net et peu élévé, on devrait réserver ce nom à une saillie pointue de la terre; quant au mot *promontoire*, qui n'est guère employé que dans le style poétique, il devrait désigner un cap en forme de montagne, de colline ou de falaise élevée.

LA FALAISE

Le rivage des mers est quelquefois bordé de hauteurs que les vagues rongent sans cesse et qui se présentent du côté de la mer comme une muraille. Ces *côtes* taillées à pic se nomment *falaises*. La Manche en est bordée.

Sur d'autres points, le rivage est fort peu élevé et forme une vaste étendue plane et sablonneuse que les eaux recouvrent à chaque *flux* et abandonnent au *reflux*. C'est alors une *plage*.

*
* *

Lorsque le sable chassé par les vents et les vagues s'accumule sur le rivage et forme des bourrelets plus ou moins élevés, semblables à de petites collines, ce sont des *dunes;* exemple : les dunes de Gascogne, dont le génie de Brémontier a paralysé le progrès inquiétant au moyen des plantations de pins qui sont tout à la fois une protection contre l'envahissement des sables et une source de richesse.

Le rivage n'est pas toujours facilement abordable : sur certains points, des rochers à fleur d'eau rendent l'accès dangereux. Ce sont là les *écueils*, les *récifs* redoutés des navigateurs.

A l'embouchure des fleuves s'accumulent le sable et le limon transportés par le fleuve, et que celui-ci dépose au terme de sa course. Sa marche, si rapide au commencement dans les montagnes où il a sa source, se ralentit de plus en plus jusqu'à l'embouchure, ce qui favorise le dépôt des matières entraînées par le cours d'eau, Ainsi la mer recule devant ce nouveau rivage.

Tous ces matériaux sont arrachés par le fleuve aux montagnes et aux plaines qu'il traverse et ils forment les couches de terrains nouveaux. Le sol de presque toute la Hollande a été formé par les apports du Rhin, de même qu'une partie de l'Egypte est un présent du Nil, comme dit Hérodote.

Ces atterrissements sont de forme triangulaire. Cela tient à ce que le fleuve se barre à lui-même le passage par les dépôts qu'il forme, ses eaux se divisent et passent à droite et à gauche de ce barrage naturel. De la sorte, l'atterrissement est limité sur deux de ses côtés par les branches du fleuve, et, sur le troisième, il est bordé par la mer. Chaque branche, à son tour, donne naissance à de nouveaux atterrissements de même forme. Le triangle est la forme de la lettre majuscule D en grec (Δ), laquelle se nomme *delta;* d'où le nom de delta donné à ces dépôts. La Camargue est le delta du Rhône.

L'ISTHME. — LA PRESQU'ILE.

L'ISTHME. — LA PRESQU'ILE

Si la mer est en certains lieux resserrée entre les terres et forme un détroit, la terre peut se trouver réduite à une bande ou langue bordée par la mer des deux côtés. Cette bande de terre se nomme un *isthme*.

L'isthme peut lier deux continents, comme il arrive de l'isthme de Suez, qui réunit l'Asie et l'Afrique, ou bien il rattache au continent une terre qui serait une île si l'isthme venait à disparaître. Cette terre est donc presque une île ou une *presqu'île*. On dit encore *péninsule* au lieu de presqu'île, la signification de ces deux mots étant la même. *L'isthme de Corinthe* rattache la *presqu'île de Morée* au continent européen.

***

Bien qu'elles ne soient pas unies au continent par des isthmes, on dit de l'Espagne, des Etats scandinaves, de l'Italie, que ce sont des presqu'îles, parce que ces contrées sont entourées d'eau sur la plus grande partie de leurs contours.

LA VALLÉE. — LE TORRENT.

LA VALLÉE. — LE TORRENT

L'espace compris entre deux versants opposés se nomme *vallée*. C'est en quelque sorte l'inverse de la montagne; elle est en creux ce que la montagne est en relief.

La vallée s'élargit en général à partir du point le plus élevé jusqu'au point le plus bas où elle débouche soit dans une autre vallée, soit dans une plaine.

Le *vallon* est une petite vallée peu encaissée et d'une pente douce; le *val* est au contraire une vallée étroite et profonde.

C'est dans le fond des vallées que se rassemblent les eaux pluviales ou celles qui proviennent de la fonte des neiges. Lorsque la vallée est un val, le cours d'eau est très rapide et très violent; c'est un torrent.

Après des pluies abondantes et soudaines, ou à l'époque de la fonte des neiges, le cours d'eau est plus considérable et plus puissant. Cette inégalité dans le débit et cette rapidité dans la course caractérisent le torrent. C'est surtout dans les hautes vallées que se précipitent les torrents; les eaux courent de chute en chute et tombent en cascades écumeuses. Tel fleuve au cours calme et régulier dans la plaine est un torrent dans la montagne.

LE PORT.

LE PORT

On ne donne pas en général au *port* et à la *rade* leur vraie signification : il importe d'en donner une définition précise afin d'éviter des erreurs très fréquentes.

La rade est une partie de la mer ouverte ou encadrée par des hauteurs, mais qui, dans tous les cas, est un abri sûr pour les navires en même temps qu'un fond qui offre aux ancres une prise suffisante ; exemple : *la rade de Brest.*

Le port indique plus particulièrement un lieu de débarquement ou d'embarquement et s'applique aussi bien aux ports de mer qu'aux ports de rivière. Tandis que dans la rade le navire est à l'ancre, dans le port il est amarré au quai.

A Cherbourg, il a fallu créer la rade et le port. Une digue puissante, longue de trois mille huit cents mètres environ, large de trente mètres à la partie supérieure, a été construite pour former la rade. C'est l'œuvre la plus considérable accomplie par les hommes.

Le plus souvent il existe une rade pour chaque port de mer, et il est désirable qu'il en soit ainsi, afin que les navires puissent quitter le port et se réfugier dans la rade en cas de tempête, le port étant, dans ce cas, moins sûr que la rade.

On distingue, parmi les ports de mer, les *ports militaires* ou *de guerre,* et les *ports marchands* ou *de commerce.* Le port militaire est une sorte de citadelle maritime où se trouvent les établissements nécessaires à la construction et à l'armement des navires, ainsi que les moyens de défense contre l'ennemi. C'est une rade indépendante dans laquelle les navires de guerre seuls peuvent pénétrer, où les navires armés et prêts à sortir ou, comme on dit, à prendre la mer, peuvent séjourner et se trouver abrités. Le fond d'une rade doit donc offrir aux ancres une prise suffisante. Les navires qui entrent peuvent également séjourner dans la rade en attendant leur entrée dans le port même.

Dans tous les ports il existe des *cales,* sortes d'ateliers de réparation ou de construction, des *bassins* où les navires stationnent et que l'on maintient pleins d'eau pendant la basse mer afin que les navires n'échouent pas.

Les *ports de rivière* ont été longtemps les seuls ports; les navires peuvent ainsi entrer dans les terres aussi avant que possible, de sorte que le chargement et le déchargement se font dans des conditions plus économiques et plus commodes, ce qui était plus particulièrement avantageux avant les chemins de fer. Aussi sont-ils placés dans la rivière en un point où l'influence de la marée se fait encore sentir et où la profondeur est suffisante, de manière que les navires entrent en rivière avec le flux et sortent avec le reflux. *Rouen,* sur la Seine, *Nantes,* sur la Loire, *Bordeaux,* sur la Garonne, sont nos principaux ports de rivière.

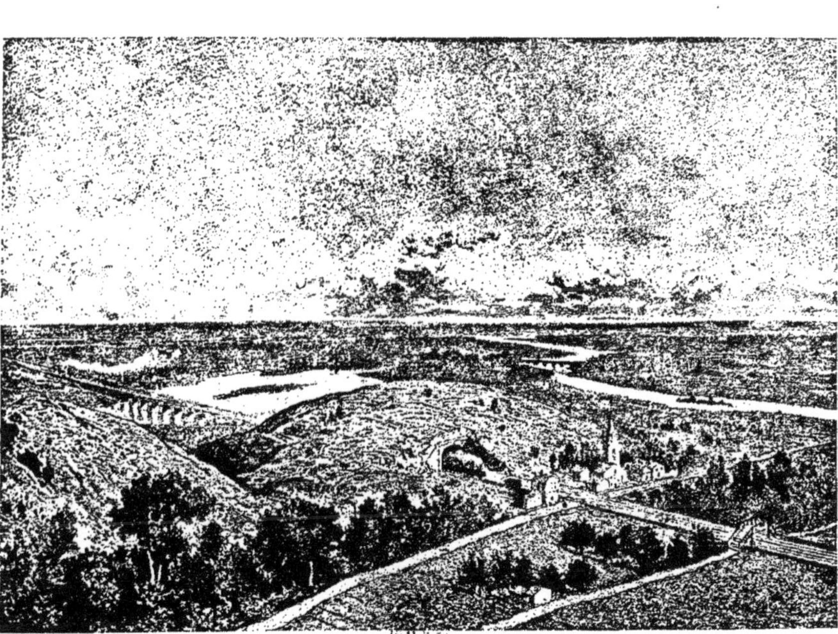

LES ROUTES. — LES CHEMINS DE FER.

LES ROUTES. — LES CHEMINS DE FER

« Les fleuves sont des chemins qui marchent », dit Pascal ; ce sont en effet des routes naturelles qui établissent une communication facile entre les diverses localités situées sur leurs rives. Aussi la plupart des villes qui ont grandi ont-elles été fondées au bord des cours d'eau et les premiers véhicules ont-ils été des canots.

Les chemins n'ont pas toujours existé ; il a fallu un commencement de civilisation, des relations assez fréquentes entre les diverses localités pour que les hommes fussent conduits à établir des chemins. C'étaient d'abord des sentiers tracés au hasard, puis des chemins un peu plus larges où les animaux pouvaient passer, puis de plus larges encore pour le passage des véhicules.

On choisit ensuite, sinon le plus court chemin, au moins le plus commode. On évitait les trop fortes montées ou descentes, les terrains trop peu résistants, puis on imagina de consolider le sol avec des matériaux résistants. Les villes les plus importantes, entre lesquelles les communications étaient les plus fréquentes, furent reliées par des voies plus larges qui prirent le nom de *routes*.

Aujourd'hui les plus grandes voies se nomment *routes nationales*. Elles traversent le pays entier dans des directions différentes et sont entretenues par l'État, puis viennent les *routes départementales* dont le nom seul est une définition et que le département a à sa charge ; elles sont moins larges, mais elles sont tout aussi longues si on les relie par la pensée à celles des départements voisins. Viennent ensuite les *chemins de grande communication*, qui sont entretenus par les communes qu'ils desservent et par le département sur lequel se trouvent ces communes ; enfin, il y a des *chemins vicinaux* ou *communaux* qui relient entre elles les communes.

∴

Pour diminuer les efforts des chevaux et leur faire tirer avec un même effort des fardeaux plus lourds que sur les routes ordinaires, on établit dans certains lieux des bandes de fer ou rails sur les chemins, qui devinrent ainsi des *chemins de fer*. Le frottement des roues sur les *rails* est très faible, comparativement à celui qui se produit sur un sol quelconque. Plus tard, la locomotive fut inventée et la dénomination de chemin de fer fut appliquée à l'ensemble de la locomotive et du chemin de fer.

Afin d'éviter les pentes trop rapides et les montées trop raides, il a fallu percer les collines et construire des souterrains en forme de *tonnelles* et qui portent le nom de *tunnels*. La traversée des cours d'eau a exigé la construction des *ponts* qu'on nomme *viaducs* lorsqu'ils portent un chemin de fer.

PARIS — IMPRIMERIE MOUILLOT, 13-15, QUAI VOLTAIRE. — 21120

BOITE DE LEÇONS DE CHOSES

N° 1. — Prix : 25 francs.

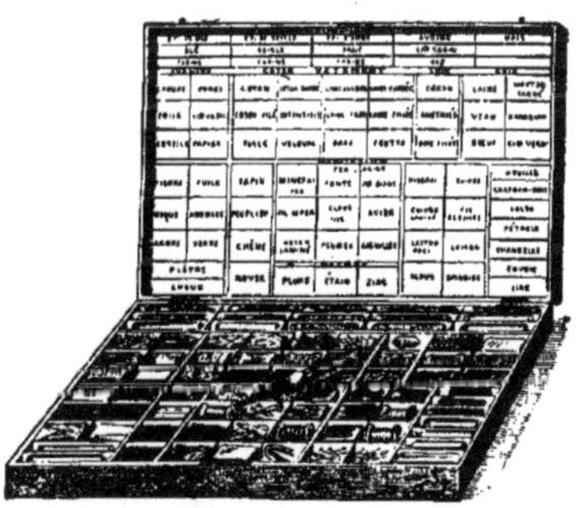

Dans cette boite élégante, en acajou, divisée en trois compartiments principaux, subdivisés chacun en un grand nombre de petites cases, le maître trouve, classés dans un ordre méthodique, des échantillons, à l'état brut et à l'état travaillé, des différentes matières que l'homme emploie pour la satisfaction de ses premiers besoins : *alimentation — vêtement — habitation*.

Questionnaire explicatif de la boite de leçons de choses. In-12 broché. . . . . » **30**

Notice explicative : Connaissances indispensables sur l'alimentation, le vêtement, l'habitation, les matériaux de construction, le bois, les métaux, le chauffage, l'éclairage, etc. In-12 cartonné. . » **50**

BOITE DE LEÇONS DE CHOSES N° 2

Cette boite contient, outre les objets renfermés dans la boite n° 1, toutes les matières précieuses. Prix.... **65** »

MEUBLE DE LEÇONS DE CHOSES EN CHÊNE CIRÉ

Ce meuble contient d'une façon excessivement complète des échantillons de tout ce qui est nécessaire pour le vêtement, l'alimentation et l'habitation.

C'est comme une *bibliothèque de choses*, un outillage précieux pour les leçons sur l'origine, l'histoire et la fabrication des principales choses d'un emploi général dans les usages de la vie. Il y a là bien des moyens de frapper les sens, de captiver l'attention des enfants de l'asile et de commenter, d'une manière saisissante, devant les élèves de l'école, le livre de .... Prix.. **65** »

Coupe en largeur.

Face

LEÇONS DE CHOSES

VÊTEMENT

ALIMENTATION

HABITATION

LÉGENDE.

A *Casier ouvert et abattu pour faciliter la vue des objets contenus dans les cases*

B *Casier fermé.*

C *Couvercle relevé portant la nomenclature des objets.*

C' *Couvercle fermé.*

D *Liteau d'arrêt, empêchant au moment de s'abattre la sortie du casier.*

Coupe en profondeur et élévation

COLLECTIONS D'IMAGES

A L'USAGE DES SALLES D'ASILE

Nouvelle collection d'images à l'usage des salles d'asile, dessinées par MM. Leloir et Llanta, peintres d'histoire, format petit carré : longueur, 0m 50 c.; hauteur, 0m 41 c.

ANCIEN TESTAMENT

Première partie : 30 *sujets*. Prix, en noir....... 9 »
Coloriés avec le plus grand soin.............. 22 50
Ces trente sujets collés sur toile, vernis, montés sur gorge et rouleau, formant un grand tableau, se payent en sus.. 18 »
Chaque sujet, collé sur carton, se paye en sus. » 75
Le montage sur onglets se paye en sus, par cahier de 10 planches.................................... » 60
Deuxième partie : 30 *sujets*. Prix, en noir....... 9 »
Coloriés avec le plus grand soin................ 22 50
Ces trente sujets collés sur toile, vernis, montés sur gorge et rouleau, formant un grand tableau, se payent en sus.. 18 »
Chaque sujet, collé sur carton, se paye en sus. » 75
Le montage sur onglets se paye en sus, par cahier de 10 planches.................................... » 60

NOUVEAU TESTAMENT

50 *sujets*. Prix, en noir........................ 17 50
Coloriés avec le plus grand soin................ 37 50
Ces cinquante sujets collés sur toile, vernis, montés sur gorge et rouleau, formant deux grands tableaux, se payent en sus.................................... 36 »
Chaque sujet, collé sur carton, se paye en sus.. » 75
Le montage sur onglets se paye en sus, par cahier de 10 planches.................................... » 60

Tableau-image d'histoire sainte à l'usage des écoles chrétiennes et des salles d'asile, par A. Leloir et Llanta.
Prix en noir.................................. 8 »
Monté sur toile, verni, avec gorge et rouleau... 21 »
Colorié....................................... 27 »
Monté sur toile, avec gorge et rouleau, et verni. 40 »
Questionnaire séparément...................... » 30

HISTOIRE NATURELLE

30 *sujets*. Prix en noir......................... 10 50
Coloriés avec le plus grand soin................ 22 50
Ces trente sujets collés sur toile, vernis, montés sur gorge et rouleau, formant un grand tableau, se payent en sus.. 18 »
Chaque sujet, collé sur carton, se paye en sus.. » 75
Le montage sur onglets se paye en sus, par cahier de 10 planches.................................... » 60

Images en feuilles pour récompenses.

Prix, la feuille, 5 c.; le cent assorties........... 3 50
La collection se compose :
Ancien Testament (1re feuille)...........
— (2e feuille)...........
Nouveau Testament...................... 20 sujets.
Vues et monuments de la Palestine...... 16 sujets.
e naturelle........................ 25 sujets.

TABLEAUX ZOOLOGIQUES

Collection de 48 sujets, représentant avec une grande exactitude scientifique les types des principaux animaux, xécutés par des artistes spéciaux, et peints avec le plus grand soin dans un paysage donnant une idée exacte du ays où ils vivent. Chaque tableau, imprimé en couleurs sur papier très fort, mesure 0m88 sur 0m66. Les 36 sujets ivants sont seuls en vente, les autres paraîtront prochainement.

Chimpanzé. — Vampire et Ptérope de Java. — Hérisson, Taupe et Rat musqué. — Martre et Loutre. — Ours brun. Loup. — Lion. — Kanguroo. — Castor. — Dromadaire. — Renne. — Buffle. — Éléphant. — Phoque. — Baleine. Condor. — Aigle. — Coq de bruyère. — Autruche. — Héron. — Pélican. — Tortue de mer. — Crocodile égyptien. Boa constrictor et Serpent à sonnettes. — Maquereau et Perche. — Silure et Saumon. — Requin. — Scarabées. — beille. — Ver à soie. — Cancroïdes. — Tarentule. — Homard et Cancre. — Sèche, Limaçon et Huître. — Sangsue, ichine, Ver solitaire. — Polypes et Coraux.

ix de chaque sujet.............................. **2** » | Prix du carton pour serrer les planches......... **7** »

Les races humaines, 1 feuille.. **3** »

PUBLICATIONS SCIENTIFIQUES

De Félix HÉMENT

Inspecteur de l'enseignement primaire de la Seine, lauréat de l'Académie française.

Premières notions d'histoire naturelle, 12e éd. vue et corrigée. 1 vol. in-12, carré, fig........ **3** »
Ouvrage couronné par la Société pour l'instruction émentaire, adopté par la commission officielle pour e donné en prix, honoré d'une médaille à l'exposi- n universelle de 1867.

Premières notions de physique et de météorologie, Nouvelle édition, revue et considérablement augmentée. 1 vol. in-12, fig., cart................. **3 50**
Ouvrage couronné par la Société pour l'instruction mentaire, adopté par les commissions officielles pour e donné en prix dans les écoles et pour être placé ns les bibliothèques scolaires.

Premières notions de cosmographie, 2e édition, ue et corrigée. 1 vol. in-12, cart............ **1 50**
Ouvrage adopté pour toutes les bibliothèques scolaires France.

Premières notions de géométrie, à l'usage des écoles des deux sexes, ornées de nombreuses figures dans le texte, en collaboration de M. Jules Dalsème, ancien élève de l'École polytechnique, professeur de mathématiques à l'École normale primaire de Paris. Nouv. éd. 1 vol. in-12, cart.......................... **1 50**
Ouvrage autorisé par toutes les écoles de la ville de Paris.

L'Instinct et l'intelligence, 1 vol. in-8 avec illustrations, br.. **3 50**

Menus propos sur les sciences, Illustré par M. Bénassit. 14e édit., 1 beau vol. in-8, br......... **5** »
Ouvrage adopté pour toutes les bibliothèques scolaires de France.
Le même ouvrage, in-12, br................. **2** »

PARIS. — IMPRIMERIE MOUILLOT, 13-15, QUAI VOLTAIRE. — 21120.

PARIS. — IMPRIMERIE MOUILLOT, 13-15, QUAI VOLTAIRE. — 21858.

www.ingramcontent.com/pod-product-compliance
Ingram Content Group UK Ltd.
Pitfield, Milton Keynes, MK11 3LW, UK
UKHW021649260726
13994UKWH00003B/1356

9 782329 372938